KOCHDUELL

Pasta, Pesto & Co.

KOCHDUELL

Pasta, Pesto & Co.

von Stefan Wiertz

vgs

kochduell

Die Abkürzungen in den Rezepten bedeuten:

EL = Esslöffel
TL = Teelöffel
Msp. = Messerspitze
Pr. = Prise
Bd. = Bund
Päck. = Päckchen

Dieses Buch erscheint zur Sendung KOCHDUELL, die montags bis samstags um 18.20 Uhr bei VOX ausgestrahlt wird.

Die Deutsche Bibliothek – CIP-Einheitsaufnahme
Kochduell / [VOX] – Köln: vgs
Pasta, Pesto & Co. / von Stefan Wiertz
– Orig.-Ausg. – 2001
ISBN 3-8025-1447-5

Originalausgabe

Bildnachweis:
Umschlag- und Foodfotos: Food-Foto-Köln/Jürgen Holz
Szenenfotos: Katharina Hummel, Jürgen Bindrim und Mathilde Kohl für VOX

Redaktion: Michael Büsgen
Produktion: Annette Hillig
Umschlaggestaltung und Layout: Alexander Ziegler, Köln
Satz: Achim Münster, Overath
Printed in Spain
ISBN 3-8025-1447-5

Besuchen Sie unsere Homepage im Internet: www.vgs.de
und die Homepage vom Kochduell unter: www.vox.de

Inhalt

Vorwort

Frei nach dem Motto – Simplifikation der Dinge!

Warum gerade ein Pasta-Buch, das haben mich viele meiner Freunde und Kollegen gefragt. Tja, wahrscheinlich weil mir die italienische Küche besonders am Herzen liegt. Und dies liegt nicht zuletzt daran, dass ich mit meinem Ziehsohn und besten Freund Marlon einen echten Pasta-Fan in meiner Familie habe und die fast tägliche Nudel-Zubereitung für mich schon zum Ritual geworden ist. Darüber hinaus bereitet mir das Pasta-Kochen größtes Vergnügen, da die Pasta ein wunderbares Lebensmittel ist, mit dem man auf Teufel komm raus immer neue Variationen ausprobieren und seiner Kreativität freien Lauf lassen kann.

Die Frische-Liebenden unter Ihnen werden ein Rezept für selbst gemachte Pasta finden. Doch natürlich haben wir leider nicht jeden Tag die Zeit, unsere Pasta ganz frisch zuzubereiten – denn dies ist gar nicht so einfach. Stellt sich somit die Frage, was tun? Zu welcher Pasta greifen wir? Nun, dies ist wiederum recht leicht zu beantworten, denn die Mehrzahl der Pasta-Esser – allen voran jene im Mutterland der edlen Teigware – können sich nicht irren! Und auch ich persönlich bevorzuge die Vielfalt des italienischen Pasta-Herstellers Nr. 1: Barilla. Für jeden Geschmack und jede Gelegenheit das passende Format.

Aber die italienische Küche lässt sich natürlich nicht nur auf Pasta reduzieren. Sie hat bei weitem mehr zu bieten! Nicht zu vergessen sind die Antipasti und Kräutermarinaden. Kleine Portionen, leicht und schnell zubereitet, wahlweise zu Fleisch, Fisch und Pasta serviert oder einfach untereinander kombiniert – raffiniert und simpel zugleich.

Denn Simplifikation der Dinge ist auch in diesem Kochbuch die größte Prämisse für mich. Kochen ohne viel Schnörkel, das heißt nicht den Geschmack reduzieren, sondern auf das Wesentliche bringen und vertiefen.

Als Haus-, Privat- und Mietkoch komme ich mit den unterschiedlichsten Menschen zusammen, die jedoch alle eines vereint: Die Liebe zum Essen – und natürlich die damit verbundene Geselligkeit. Da ich in aller Regel in den Küchen meiner Gäste koche, bin ich in hohem Maße auf mein Improvisationstalent angewiesen. In Verbindung mit meiner hervorragenden Ausbildung unter meinem Lehrer Rainer Mitze, bin ich somit bestens gerüstet für meine Tätigkeit beim KOCHDUELL und den damit verbundenen Show-Koch-Auftritten bei den verschiedensten Veranstaltungen.

Natürlich lassen Ihnen sämtliche Rezepte in diesem Buch jede Möglichkeit zur freien Gestaltung und Variation, sei es für ein romantisches Essen zu zweit, ein mediterranes Büffet oder ein mehrgängiges Menü für die guten Freunde.

Ich selbst koche liebend gern für und mit Freunden. Dabei bietet sich mir immer mal wieder die Gelegenheit, das eine oder andere Rezept an einem besonders kritischen und gnadenlosen Publikum zu erproben. Einige dieser anfänglichen Experimente sind nun zu einem Buch gereift. Und ich bin sehr stolz darüber, es Ihnen vorstellen zu dürfen.

So, jetzt aber genug der Worte!
Ich wünsche Ihnen und Ihren Gästen ganz einfach

Buon Appetito!

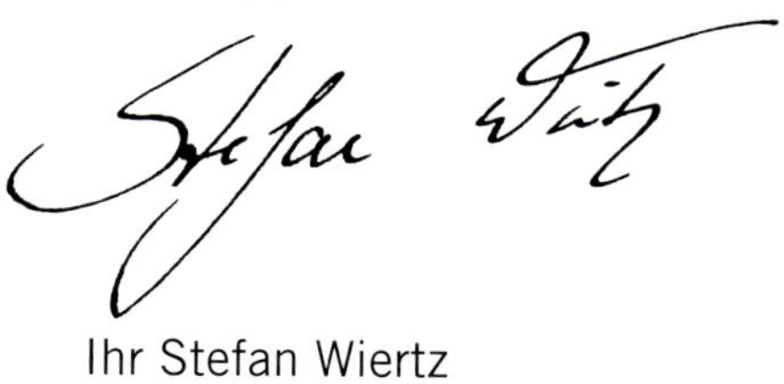

Ihr Stefan Wiertz

Ein „simples" DANKE an: Pünktchen, Marlon, meine Mutter und Hans, Roland, Jürgen Holz und Assistent Christian Pompetzki für das gelungene Fotoshooting, Bettina Bormann für die Einkäufe, Firma BAF, Firma Dibbern und Flora Frey. Und in Gedenken an Frank Schwarzkopf.

Pfiffige Pastasaucen

Was vielen hierzulande nicht unbedingt bewusst ist,
Pasta wird in Italien in aller Regel
als Vorspeise gereicht.
Darum beginne ich auch zunächst
mit der wohl italienischsten aller Vorspeisen.
Dazu eine kleine aber exquisite Auswahl an Saucenrezepten.
Und denken Sie immer daran:
Pasta sollte stets in viel und reichlich
gesalzenem Wasser gekocht werden!

kochduell

Sauce „Marlon"

(für 4 Personen)

Zu diesem Rezept empfehle ich Spaghettini.

400 g Spaghettini
1 grüne Zucchini
1 gelbe Zucchini
1 Schalotte
300 g Grönland-Shrimps (gekocht)
5 EL Sahne
Olivenöl
Salz, Pfeffer

Die Spaghettini in Salzwasser kochen. Zucchini und Schalotte in Streifen schneiden. Shrimps in etwas Olivenöl in der Pfanne anschwenken. Zucchini, Zwiebel und Sahne hinzugeben und einreduzieren lassen.
Die gekochten und abgetropften Spaghettini in eine Schüssel geben, mit Shrimps, Zucchini und Schalotte vermengen, mit Salz und Pfeffer abschmecken und anrichten.

Zubereitungszeit: ca. 20 Minuten

Tipp: 1 Teelöffel Akazienhonig rundet der Geschmack der Sauce ab.

Spaghetti aglio e olio

(für 4 Personen)

Zu diesem Rezept empfehle ich Spaghetti.

Salz
400 g Spaghetti
6 EL Olivenöl
2 Knoblauchzehen
2 EL gehackte Petersilie

Die Spaghetti in Salzwasser kochen. Öl in einer Pfanne erhitzen und mit dem geschälten und fein gehackten Knoblauch leicht anrösten.
Anschließend den goldgelben Knoblauch mit einer Gabel herausnehmen und entsorgen. Die gekochten und abgetropften Spaghetti mit dem Öl und der gehackten Petersilie vermischen und anrichten.

Zubereitungszeit: ca. 15 Minuten

Tipp: Die Spaghetti sollten Sie in vorgewärmten und mit Knoblauch ausgeriebenen Tellern servieren.

Mozzarellasauce

(für 4 Personen)

Zu diesem Rezept empfehle ich Penne Rigate.

Salz
400 g Penne Rigate
1 EL Sardellenpaste
5 EL Olivenöl
150 g Mozzarellabällchen
Salz, Pfeffer

Die Penne in Salzwasser kochen. In einer Schüssel unterdessen die Sardellenpaste mit Öl verrühren. Die abgetropften Mozzarellabällchen halbieren, dazugeben und mit Salz und Pfeffer abschmecken. Die gekochten und abgetropften Penne ebenfalls in die Schüssel geben und unterheben.

Zubereitungszeit: ca. 10 Minuten

Tipp: Zur Dekoration können Sie frittierte Lauchstreifen verwenden.

kochduell

Sauce Diavolo

(für 4 Personen)

Zu diesem Rezept empfehle ich Penne Rigate.

400 g Penne Rigate
½ Salatgurke
3 Strauchtomaten
10 schwarze Oliven (ohne Kern)
10 grüne Oliven (ohne Kern)
5 Knoblauchzehen
2 Peperoni (eingelegt)
1 Limette
¼ l Olivenöl
1 Bd. Blattpetersilie
Salz, Pfeffer

Die Penne in Salzwasser kochen. Die geschälte und entkernte Schlangengurke in kleine Würfel schneiden, Tomaten und Oliven ebenfalls klein würfeln. Knoblauch grob hacken, Peperoni klein würfeln und dann alles zusammen in einer Schüssel mit dem Saft der Limette und dem Olivenöl verrühren. Mit Salz und Pfeffer abschmecken und für 3 Stunden kühl stellen.
Die gekochten und abgetropften Penne in eine Schüssel geben und mit der kalten, gezogenen Sauce vermengen. Zum Schluss mit gehackter Blattpetersilie bestreuen.

Zubereitungszeit: ca. 15 Minuten

Tipp: Als Beigabe empfehle ich kross geröstetes Weißbrot mit Olivenöl.

Ricottasauce

(für 4 Personen)

Zu diesem Rezept empfehle ich Spaghetti.

Salz
400 g Spaghetti
200 g Ricotta
1 Mokkalöffel Zimt
2 TL Zucker
Salz, Pfeffer

Die Spaghetti in Salzwasser kochen. 3 EL der Kochflüssigkeit mit dem Ricotta in eine Schüssel geben, Zimt und Zucker dazugeben, das Ganze vermengen und mit Salz und Pfeffer abschmecken. Die gekochten und abgetropften Spaghetti in die Schüssel geben und unterheben.

Zubereitungszeit: ca. 15 Minuten

Tipp: Garnieren Sie den vorgewärmten Pasta-Teller mit einem Honigrand und Haselnussschrot aus.

Kalte Sardellensauce

(für 4 Personen)

Zu diesem Rezept empfehle ich Spaghetti.

Salz
400 g Spaghetti
8 Sardellenfilets
1 Bd. Blattpetersilie
1 Bd. Schnittlauch
1 Knoblauchzehe
10 Kapernäpfel
1 Limette
8 EL Olivenöl

Die Spaghetti in Salzwasser kochen. Die abgetropften Sardellenfilets sowie Blattpetersilie, Schnittlauch, Knoblauch und Kapernäpfel grob hacken. Mit dem Saft der Limette unter Zugabe des Olivenöls in einer Schüssel verrühren.
Die gekochten und abgetropften Spaghetti in eine Schüssel geben, mit der Sauce vermengen und anrichten.

Zubereitungszeit: ca. 15 Minuten

Tipp: Zur Dekoration empfehle ich frische Minze.

Grundrezept Pasta hausgemacht

Im Folgenden möchte ich Ihnen zeigen, wie Sie frische Eierpasta zu Hause und von Hand selbst herstellen können. Es gibt nichts, was so köstlich schmeckt. Seien Sie nicht entmutigt, wenn Sie auf Probleme stoßen: Der Teig ist schwierig herzustellen, aber wenn Sie etwas geübter sind, wird es Ihnen von Mal zu Mal leichter fallen.
Je frischer die verwendeten Eier, desto besser wird der Teig schmecken. Versuchen Sie ihn einmal mit frischen Landeiern; Sie werden wirklich einen großen Unterschied feststellen.
Frische Pasta kann man in der Tiefkühltruhe aufbewahren oder im Fall von flachen Teigwarensorten auf einem sauberen Küchentuch sorgfältig trocknen, in eine Schüssel geben und unbedeckt an einem kühlen Ort aufbewahren. Auf diese Weise hält sich die Pasta bis zu einem Monat.
Noch ein letzter Ratschlag, bevor Sie beginnen:
Falls Sie bei der Herstellung des Teigs Probleme haben, dann bedecken Sie den Teig mit einem Küchentuch und lassen ihn einfach 20 Minuten ruhen. Der Teig wird dadurch geschmeidiger und entwickelt ein besseres Volumen.

1. Mehl auf ein Teigbrett oder eine andere Arbeitsfläche sieben und zu einem Berg formen. In der Mitte eine Vertiefung anbringen und die Eier hineinschlagen. Salz und (falls verwendet) Milch oder Öl hinzugeben. Die Eier mit einer Gabel oder mit den Fingern etwa 1 Minute verrühren, dabei etwas Mehl zumischen.

2. Mehl und Eier mit kreisenden Bewegungen vermischen, in der Mitte anfangen und nach außen arbeiten. Dabei eine Hand zum Mischen verwenden, mit der anderen immer wieder die Mulde formen, damit die Eier nicht auslaufen können.

3. Wenn das ganze Mehl aufgebraucht ist, Masse zu einem Teigklumpen zusammendrücken. Unter Verwendung beider Hände den Teig mit den Handballen nach unten drücken und mit dem Ziehen und Kneten beginnen, bis er glatt und elastisch ist. Sobald das der Fall ist (etwa nach 10 Minuten), Teig unter einem Küchentuch 5 Minuten ruhen lassen. Solange Sie noch keine große Erfahrung haben, ist es ratsam, den Teig in 2 oder 3 Stücke aufzuteilen und diese einzeln auszurollen.

4. Arbeitsfläche und Nudelholz mit Mehl bestäuben. Teigballen mit den Händen flachdrücken

Für jede Art frischer Pasta

***Mengen:** Für das Grundrezept rechnet man mit*
1 Ei,
100 g Mehl
und ein wenig Salz pro Person. Einige Köche geben noch etwas Milch oder Öl bei, damit der Teig geschmeidiger wird.

und mit dem Ausrollen beginnen, dabei den Teig immer vom Körper wegrollen. Den Teig dabei immer etwas weiterdrehen, so dass allmählich ein Kreis entsteht. Wenn der Kreis rund ist, den Teig zu einem Halbkreis falten und wieder ausrollen. Auf diese Weise fortfahren, bis Sie einen dünnen, glatten, etwa 5 mm dicken Fladen haben.

5. Nun kommt der schwierigste Teil. Dazu den Teig so dünn wie möglich ausrollen, den von Ihnen am weitesten entfernten Rand um das Nudelholz wickeln, zum Körper hin aufrollen und dabei aber in die entgegengesetzte Richtung wegdrücken. Sehr schnell arbeiten, da sonst die Pasta austrocknet und nicht mehr verarbeitet werden kann.

6. Wenn Sie ungefähr ein Drittel aufgerollt haben, umdrehen und von Ihnen wegrollen. Diese Prozedur etwa achtmal wiederholen, bis der Pastafladen etwa 3 mm dick ist. Eventuell aufgerollte Ecken oder Ränder mit dem Nudelholz rasch wieder ausglätten. Zur Vereinfachung dieser Prozedur kann man auch ein großes Nudelholz verwenden!

Sie haben jetzt einen Teig, der so zart und dünn wie möglich ist, und können flache oder gefüllte Pasta der verschiedensten Art herstellen oder eine handelsübliche Nudelmaschine mit verschiedenen Schnittformen zur Weiterverarbeitung verwenden.

Ich empfehle für alle Rezepte in diesem Kochbuch auf handelsübliche Pasta-Fertigprodukte zurückzugreifen, um den schnellen und reibungslosen Ablauf im täglichen Kochalltag zu gewähren.

kochduell

Original Currysauce

(für 4 Personen)

Zu diesem Rezept empfehle ich Farfalle.

Salz
400 g Farfalle
2 Äpfel (Braeburn)
1 Gemüsezwiebel
1 reife Banane
Currypulver
1 Glas Weißwein
8 EL Sahne
100 g Kokosraspel
Salz, Pfeffer

Die Farfalle in Salzwasser kochen. Die geschälten und entkernten Äpfel sowie die Zwiebel grob würfeln und die Banane in Scheiben schneiden. Das Ganze in einer Pfanne mit etwas Olivenöl kräftig anrösten und mit Curry abstäuben. Weißwein angießen und zusammen mit der Sahne einreduzieren. Zum Schluss Kokosraspeln dazugeben und mit Salz und Pfeffer abschmecken.
Die gekochten und abgetropften Farfalle in eine Schüssel geben, die Sauce dazufügen und unterheben.

Zubereitungszeit: ca. 30 Minuten

Tipp: Als Garnitur empfehle ich ganze, geröstete Knoblauchzehen.

Sauce Exotica

(für 4 Personen)

Zu diesem Rezept empfehle ich Penne Rigate.

400 g Penne Rigate
12 gekochte Gambas
½ Mango
1 Orange
2 Schalotten
5 EL Sahne
Salz, Pfeffer

Die Penne in Salzwasser kochen. Die Gambas waschen, kurz anbraten und abtropfen lassen. Mango schälen und würfeln, die Orange filetieren und die Schalotten klein hacken.
Alles zusammen in einer Pfanne gut anbraten, mit Salz und Pfeffer würzen und mit der Sahne einreduzieren. Zum Schluss die Gambas kurz mitziehen lassen. Die gekochten und abgetropften Penne in eine Schüssel geben, die Sauce dazufügen und unterheben.

Zubereitungszeit: ca. 25 Minuten

Tipp: Dekorieren Sie dieses Gericht mit in Honig gerösteten Mandelspalten.

Sauce Gorgonzola

(für 4 Personen)

Zu diesem Rezept empfehle ich Makkaroni.

400 g Makkaroni
6 EL Sahne
3 EL Madeira
150 g Gorgonzola
2 Frühlingszwiebeln
50 g Pinienkerne
1 Msp. Muskat
Salz, Pfeffer

Die Makkaroni in Salzwasser kochen. In einem kleinen Topf Sahne, Madeira und Gorgonzola einkochen. Frühlingszwiebeln und Pinienkerne in einer kleinen Pfanne anrösten und unter die Sahnesauce geben. Das Ganze mit Salz, Pfeffer und Muskat abschmecken. Die gekochten und abgetropften Makkaroni in eine Schüssel geben, mit der Sauce vermengen und anrichten.

Zubereitungszeit: ca. 25 Minuten

Tipp: Sie können das Ganze mit etwas frischem Kerbel garnieren.

kochduell

Wirsingsauce

(für 4 Personen)

Zu diesem Rezept empfehle ich Bandnudeln.

Salz
400 g Bandnudeln
½ Wirsing
1 große Kartoffel
8 EL Olivenöl
4 EL geriebener Parmesan

Die Bandnudeln in Salzwasser kochen. Den gewaschenen, entstrunkten Wirsing in Streifen schneiden und die geschälte, abgekochte Kartoffel in Würfel schneiden. Wirsing kurz in heißem Salzwasser blanchieren und in Eiswasser abschrecken. Anschließend den Wirsing und die Kartoffel in heißem Olivenöl kurz anschwenken.
Die gekochten und abgetropften Bandnudeln in eine Schüssel geben, Kartoffel und Wirsing dazugeben und den geriebenen Parmesan vorsichtig unterheben.

Zubereitungszeit: ca. 25 Minuten

Tipp: Auf die angerichteten Bandnudeln jeweils einen Teelöffel Ahornsirup geben.

Blanchieren: Gargut in wallender Flüssigkeit ganz kurz angaren.

kochduell

Pfifferlinge à la Crème

(für 4 Personen)

Zu diesem Rezept empfehle ich grüne Tagliatelle.

400 g Tagliatelle
300 g frische Pfifferlinge
2 Knoblauchzehen
2 Frühlingszwiebeln
5 EL Sahne
50 g Pinienkerne
Salz, Pfeffer

Die Tagliatelle in Salzwasser kochen. Die geputzten und abgetrockneten Pfifferlinge mit den gehackten Knoblauchzehen in der Pfanne anschwenken. Frühlingszwiebeln grob stückeln und blanchieren (*siehe Seite 25*). Zusammen mit der Sahne einreduzieren und mit den Pinienkernen in eine Schüssel geben. Die gekochten und abgetropften Tagliatelle ebenfalls in die Schüssel geben und mit Salz und Pfeffer abschmecken.

Zubereitungszeit: ca. 25 Minuten

Tipp: Wenn Sie etwas Schärfe in dieses Gericht bringen möchten, geben Sie ein wenig grünen Pfeffer in die Sauce.

Italienische Bohnensauce

(für 4 Personen)

Zu diesem Gericht empfehle ich Makkaroni.

Salz
350 g Makkaroni
250 g feine Bohnen
60 g reifen Pecorino
6 EL Sahne
10 gezupfte Blätter Basilikum
Salz, Pfeffer

Die Makkaroni in Salzwasser kochen. Die Bohnen waschen und in das kochende Nudelwasser geben. Den Pecorino reiben und in einer Schüssel mit der Sahne verrühren, die Basilikum-Blätter grob hacken.
Die gekochten und abgetropften Makkaroni sowie die Bohnen in die Schüssel geben, unterheben, mit den gehackten Basilikum-Blättern vermengen und mit Salz und Pfeffer abschmecken.

Zubereitungszeit: ca. 20 Minuten

Tipp: Garnieren Sie mit gerösteten Pinienkernen.

Köstliche Pesto-Variationen

Ein Pesto ist so etwas wie ein „Alleskönner“
in der mediterranen Küche.
Die folgenden Variationen geben nur
einen kleinen Einblick in die vielfältigen
Verwendungsmöglichkeiten dieser raffinierten Marinaden.
Frei nach dem Motto „Probieren geht über...“,
hoffe ich Ihrer Kreativität einen
kleinen Anstoß mit meinen Ideen geben zu können.
Viel Spaß beim Pürieren...

kochduell

Pesto Classico

(für 4 Personen)

3 Bd. Basilikum
20 g Pecorino
30 g Parmesan
2 Knoblauchzehen
1 EL Pinienkerne
6 EL Olivenöl
1 Pr. Salz

Basilikum zupfen, waschen und trocken tupfen. Beide Käsesorten reiben. Knoblauch schälen und in grobe Stücke schneiden. Die Zutaten zusammen mit den Pinienkernen in ein Gefäß geben und mit dem Stabmixer unter Zugabe des Olivenöls verquirlen. Zum Schluss nach Belieben mit Salz abschmecken.

Zubereitungszeit: ca. 10 Minuten

Tipp: Die Verwendungsmöglichkeiten des Pestos sind so vielfältig wie die italienische Küche selbst. Versuchen Sie es einmal als kalte Sauce zu Spaghetti, kräftigen Brotaufstrich mit Quark, zum Marinieren für Tomaten, Mozzarella etc., als Kräuterbasis für kräftige Tomatensaucen oder auch unter Zugabe von geriebenem Weißbrot als Kräuterkruste.

Diverse Abwandlungen des Pesto

Zubereitung siehe Seite 31

Petersilien-Pesto
(für 4 Personen)

3 Bd. Blattpetersilie
20 g Pecorino
30 g Parmesan
2 Knoblauchzehen
6 EL Olivenöl
1 EL Mandeln
1 Pr. Salz

Zubereitungszeit: ca. 10 Minuten

Verwendungsbeispiel:
zu kaltem Braten

Rucola-Pesto
(für 4 Personen)

2 Bd. Rucola
20 g Pecorino
30 g Parmesan
2 Knoblauchzehen
6 EL Olivenöl
1 EL Peka-Nüsse
Saft einer Limone
1 Pr. Salz

Zubereitungszeit: ca. 10 Minuten

Verwendungsbeispiel:
als kalte Pastasauce

Sauerampfer-Pesto
(für 4 Personen)

2 Bd. Sauerampfer
20 g Pecorino
30 g Parmesan
2 Knoblauchzehen
6 EL Olivenöl
1 EL Pinienkerne
Saft einer Limone
1 Pr. Salz

Zubereitungszeit: ca. 10 Minuten

Verwendungsbeispiel:
zusammen mit Quark zu Ofenkartoffeln

Zitronenmelisse-Pesto
(für 4 Personen)

3 Bd. Zitronenmelisse
20 g Pecorino
30 g Parmesan
2 Knoblauchzehen
6 EL Olivenöl
1 EL Haselnüsse
1 Pr. Salz
1 EL Akazienhonig

Zubereitungszeit: ca. 10 Minuten

Verwendungsbeispiel:
als Gemüse-Dip

Schnittlauch-Pesto
(für 4 Personen)

2 Bd. Schnittlauch
20 g Pecorino
30 g Parmesan
2 Knoblauchzehen
6 EL Olivenöl
1 EL Pinienkerne
Saft einer Limone
1 Pr. Salz

Zubereitungszeit: ca. 10 Minuten

Verwendungsbeispiel:
zu pochiertem Fisch oder Omelettes

Kresse-Pesto
(für 4 Personen)

2 Töpfe Kresse
20 g Pecorino
30 g Parmesan
2 Knoblauchzehen
6 EL Olivenöl
1 EL Walnüsse
Saft einer Limone
1 Pr. Salz

Zubereitungszeit: ca. 10 Minuten

Verwendungsbeispiel:
zu Räucherlachs

Tipp: Sie können die Pestos (kalte Marinaden) auch noch mit diversen Honigsorten und Fruchtsäften abrunden.

Marinierte Gemüse (Antipasti) auf die schnelle Art

Als kleines und sehr persönliches „Präsent“
sind Antipasti ein Muss,
wenn sich liebe Freunde angekündigt haben.
Köstlich aber auch als Entree
zu einem italienischen Abend zu zweit
oder einfach als hervorragender Knabberersatz
für einen gemütlichen Fernsehabend.
Wählen Sie selbst . . .

Salbei-Möhren

(für 4 Personen)

3 große Möhren
2 Knoblauchzehen
3 EL Honig
1/8 l Apfelsaft
1 Bd. Salbei
Olivenöl
Salz, Pfeffer

Die Möhren putzen, in Scheiben schneiden und in Olivenöl anbraten. Knoblauch und Honig dazugeben, mit Apfelsaft ablöschen, Salbei mit einlegen und das Ganze bis zur Bissfestigkeit einreduzieren lassen. Mit Salz und Pfeffer abschmecken.

Zubereitungszeit: ca. 20 Minuten (+ 60 Minuten ziehen lassen)

Frisches Pfifferling-Ragout

(für 4 Personen)

200 g frische Pfifferlinge
2 Frühlingszwiebeln
50 g Speckwürfel
3 EL Ahornsirup
1 Becher Sahne
Olivenöl
Salz, Pfeffer

Die sorgfältig geputzten Pfifferlinge zusammen mit den geschnittenen Frühlingszwiebeln in der Pfanne mit etwas Olivenöl anbraten. Die feinen Speckwürfel dazugeben und mit dem Ahornsirup anschwenken. Die Sahne beimischen, einreduzieren lassen und mit Salz und Pfeffer abschmecken.

Zubereitungszeit: ca. 25 Minuten (+ 60 Minuten ziehen lassen)

Rosmarin-Champignons

(für 4 Personen)

10 große Champignons
3 Knoblauchzehen
1 Bd. Rosmarin
3 EL Ahornsirup
1/8 l Aceto Balsamico
Olivenöl
Salz, Pfeffer

Gewaschene und geviertelte Champignons mit dem gehackten Knoblauch in Olivenöl scharf anrösten. Rosmarinzweige und Ahornsirup hinzugeben, mit Aceto ablöschen und bei geschlossenem Deckel ca. 3 Minuten einreduzieren lassen. Mit Salz und Pfeffer abschmecken.

Zubereitungszeit: ca. 20 Minuten (+ 60 Minuten ziehen lassen)

Weißwein-Champignons

(für 4 Personen)

10 große, weiße Champignons
3 Knoblauchzehen
1 Orange
2 EL Honig
1 kleiner Bd. Zitronenmelisse
$\frac{1}{8}$ l Weißwein
Olivenöl
Salz, Pfeffer

Gewaschene und geviertelte Champignons mit Knoblauchzehen scharf anrösten. Orangenfilets, Honig und Zitronenmelisse hinzufügen, mit Weißwein ablöschen und ca. 3 Minuten bei geschlossenem Deckel ziehen lassen. Mit Salz und Pfeffer abschmecken.

Zubereitungszeit: ca. 20 Minuten (+ 60 Minuten ziehen lassen)

Glasierter Staudensellerie

(für 4 Personen)

1 Staudensellerie
3 Knoblauchzehen
1 Gemüsezwiebel
20 g gehobelte Mandeln
3 EL Ahornsirup
⅛ l Weißwein
Olivenöl
Salz, Pfeffer

Gewaschenen und klein geschnittenen Staudensellerie mit den gehackten Knoblauchzehen und der klein geschnittenen Zwiebel in Olivenöl scharf anbraten. Gehobelte Mandeln und Ahornsirup mitschwenken und mit Weißwein ablöschen. Das Gemüse bis zur Bissfestigkeit einreduzieren lassen und mit Salz und Pfeffer abschmecken.

Zubereitungszeit: ca. 25 Minuten (+ 60 Minuten ziehen lassen)

Marinierte Schalotten

(für 4 Personen)

12 Schalotten
3 Knoblauchzehen
3 Zweige Thymian
3 EL Honig
30 g Pinienkerne
⅛ l Weißwein
Olivenöl,
Salz, Pfeffer

Gewaschene und blanchierte (*siehe Seite 25*) Schalotten in Olivenöl mit Knoblauch und Thymian anrösten. Honig und Pinienkerne dazugeben, anschwenken und mit dem Weißwein ablöschen. Das Ganze ohne Deckel ca. 3 Minuten einreduzieren lassen. Mit Salz und Pfeffer abschmecken.

Zubereitungszeit: ca. 30 Minuten (+ 90 Minuten ziehen lassen)

Tomaten-Mozzarella-Sticks

(für 4 Personen)

12 Cocktailtomaten
12 Mini-Mozzarellabällchen
1 Pesto-Rezept
(siehe Seite 31)
12 Zahnstocher

Abwechselnd gewaschene Tomaten und Mozzarellabällchen auf Zahnstocher spießen, in eine kleine Auflaufform legen und mit dem Pesto bedecken. Das Ganze zum Ziehen, mit Klarsichtfolie abgedeckt, ca. 60 Minuten bei Zimmertemperatur stehen lassen.

Zubereitungszeit: ca. 25 Minuten (+ 60 Minuten ziehen lassen)

Süße Zucchini

(für 4 Personen)

2 Zucchini
2 Knoblauchzehen
50 g Pinienkerne
3 EL Akazienhonig
1/8 l Orangensaft
Olivenöl
Salz, Pfeffer

Zucchini in Scheiben schneiden und in Olivenöl scharf anbraten. Knoblauch klein hacken und zusammen mit den Pinienkernen dazugeben. Anschließend Akazienhonig und Orangensaft einreduzieren lassen und bis zur Bissfestigkeit in der Pfanne lassen. Mit Salz und Pfeffer würzen.

Zubereitungszeit: ca. 25 Minuten (+ 60 Minuten ziehen lassen)

„Barolo"-Schalotten

(für 4 Personen)

12 Schalotten
3 Knoblauchzehen
5 Zweige Kerbel
3 EL Honig
⅛ l Barolo
Olivenöl
Salz, Pfeffer

Geschälte und blanchierte Schalotten mit etwas Olivenöl und den Knoblauchzehen scharf anbraten, Kerbelzweige dazugeben und mit Honig anschwenken. Das Ganze mit dem Barolo ablöschen und ohne Deckel etwa 3 Minuten einreduzieren lassen. Mit Salz und Pfeffer abschmecken.

Zubereitungszeit: ca. 30 Minuten (+ 90 Minuten ziehen lassen)

Safran-Fenchel

(für 4 Personen)

2 Fenchelknollen
3 Knoblauchzehen
30 g geschrotete Haselnüsse
1/8 l Grapefruitsaft
einige Safranfäden
Olivenöl
Salz, Pfeffer

Gewaschenen und entstrunkten Fenchel klein schneiden und unter Zugabe von Knoblauch und Haselnussschrot in Olivenöl scharf anbraten. Mit Grapefruitsaft ablöschen und mit den Safranfäden bis zur Bissfestigkeit einreduzieren lassen. Mit Salz und Pfeffer abschmecken.

Zubereitungszeit: ca. 20 Minuten (+ 60 Minuten ziehen lassen)

Gefüllte Riesenchampignons

(für 4 Personen)

12 Riesenchampignons
1 kleine Zucchini
1 Schalotte
2 Knoblauchzehen
20 g geriebener Parmesan
Olivenöl
Salz, Pfeffer

Die gewaschenen und entstielten Riesenchampignon-Köpfe in eine gebutterte und mit Salz und Pfeffer gewürzte Auflaufform geben (Öffnung nach oben). Gewürfelte Zucchini und Schalotte mit gehacktem Knoblauch in Olivenöl anschwenken, mit Salz und Pfeffer abschmecken und die Masse in die Champignon-Köpfe einfüllen. Mit dem geriebenen Parmesan bestreuen und das Ganze bei 150 °C im vorgeheiztem Backofen ca. 10 Minuten schmoren lassen.

Zubereitungszeit: ca. 30 Minuten

Bruschetteria

Bruschette sind einfach und schnell
zubereitet und verwandeln
jede kleine Gesellschaft in eine
Schlemmer-Runde. Ich empfehle Ihnen diese
kleinen Appetithappen als
(Starter-) Beilage zum Salat oder einfach als
kleine Knabberei zu einem
guten Tropfen.

Zucchini-Sugo

(für ca. 16 Scheiben Röstbrot)

1 Zucchini
1 Gemüsezwiebel
2 Knoblauchzehen
1 EL Honig
3 Zweige Blattpetersilie
20 g geriebener Parmesan
Olivenöl
Salz, Pfeffer
Roggenweißbrot

Gewürfelte Zucchini, Zwiebel und Knoblauchzehen mit dem Honig in der Pfanne kurz glasieren und in eine Schüssel geben. Die gehackte Blattpetersilie, den Parmesan und etwas Olivenöl dazugeben und zu einer glatten Masse verrühren. Mit Salz und Pfeffer abschmecken.
Das Brot in dünne Scheiben vorschneiden und in der Pfanne mit etwas Olivenöl, oder im Backofen, vorrösten. Auf die gerösteten Scheiben gibt man nun das Zucchini-Sugo und gratiniert dieses kurz bei Oberhitze im Backofen.

Zubereitungszeit: ca. 20 Minuten (+ 60 Minuten ziehen lassen)

Glasieren: Butter und Zucker (in diesem Fall Honig) in der Pfanne schmelzen lassen, dann Gemüse oder auch Früchte darin hell garen, so dass diese zum Schluss von einem leichten Glanz überzogen sind.

Tomaten-Sugo

(für ca. 16 Scheiben Röstbrot)

3 Strauchtomaten
2 Knoblauchzehen
1 Schalotte
5 Blatt Basilikum
20 g geriebener Parmesan
Olivenöl
Salz, Pfeffer
Roggenweißbrot

Tomaten, Knoblauch, Schalotte und Basilikum grob zerkleinern und mit Olivenöl zu einer glatten Masse verrühren.
Den fein geriebenen Parmesan unterheben, mit Salz und Pfeffer abschmecken und ca. 1 Stunde ziehen lassen.
Das Brot in dünne Scheiben vorschneiden und in der Pfanne mit etwas Olivenöl, oder im Backofen, vorrösten.
Auf die gerösteten Scheiben gibt man nun das Tomaten-Sugo und gratiniert dieses kurz bei Oberhitze im Backofen.

Zubereitungszeit: ca. 20 Minuten

Tomaten-Mozzarella-Tatar

(für ca. 16 Scheiben Röstbrot)

5 Cocktailtomaten
5 Mozzarellabällchen
1 Knoblauchzehe
4 Blatt Basilikum
Olivenöl
Salz
Pfeffer
Roggenweißbrot

Tomaten und Mozzarella grob würfeln, gepresste Knoblauchzehe mit Olivenöl unterheben. Anschließend das fein gehackte Basilikum dazugeben und mit Salz und Pfeffer abschmecken.
Das Brot in dünne Scheiben vorschneiden und in der Pfanne mit etwas Olivenöl, oder im Backofen, vorrösten.
Auf die gerösteten Scheiben gibt man nun das Tomaten-Mozzarella-Tatar und gratiniert dieses kurz bei Oberhitze im Backofen.

Zubereitungszeit: ca. 20 Minuten

kochduell

Lachs-Tatar

(für ca. 16 Scheiben Röstbrot)

150 g frisches Lachsfilet
1 süßer Apfel
2 Limetten
1 TL Honig
3 Zweige Dill
Olivenöl
Salz, Pfeffer
Roggenweißbrot

Den Lachs in kleine Würfel schneiden. Den Apfel schälen, entkernen, ebenfalls würfeln und zusammen mit dem Saft der Limetten dazugeben.
Das Ganze mit Honig und dem gezupften Dill sowie Olivenöl vermengen und mit Salz und Pfeffer abschmecken.
Anschließend ca. 1 Stunde im Kühlschrank ziehen lassen.
Das Brot in dünne Scheiben vorschneiden und in der Pfanne mit etwas Olivenöl, oder im Backofen, vorrösten.
Auf die gerösteten Scheiben gibt man nun das Lachs-Tatar.
Wenn gewünscht, kann man dieses anschließend noch kurz bei Oberhitze im Backofen gratinieren.

Zubereitungszeit: ca. 25 Minuten (+ 60 Minuten ziehen lassen)

Tipp: Dieses Tatar eignet sich auch hervorragend als Krönung für einen Sommersalat.

Möhren-Apfel-Creme

(für ca. 16 Scheiben Röstbrot)

1 dicke Möhre
1 süßer Apfel
1 EL Honig
2 Zweige Thymian
1 Frühlingszwiebel
1 Knoblauchzehe
Olivenöl
Roggenweißbrot
Salz, Pfeffer

Die Möhre schälen und grob würfeln, den Apfel schälen, entkernen und ebenfalls in Würfel schneiden. Zusammen mit Honig und Thymian in der Pfanne glasieren (*siehe Seite 51*). Das Ganze in einen Pürierbecher umfüllen. Die geschnittene Frühlingszwiebel sowie den geschälten Knoblauch und etwas Olivenöl dazugeben, mit dem Pürierstab pürieren und mit Salz und Pfeffer abschmecken. Das Brot in dünne Scheiben vorschneiden und in der Pfanne mit etwas Olivenöl, oder im Backofen, vorrösten. Auf die gerösteten Scheiben gibt man nun die Möhren-Apfel-Creme und gratiniert diese kurz bei Oberhitze im Backofen.

Zubereitungszeit: ca. 20 Minuten

Nudel-Schöpf-Gerichte für den großen Hunger

Pasta eignet sich natürlich
nicht nur als Vorspeise.
Wenn es einmal etwas mehr sein soll,
versuchen Sie einfach eines
der folgenden Gerichte.

Wirsing-Speck-Sahne

(für 4 Personen)

Zu diesem Rezept empfehle ich Penne Rigate.

400 g Penne Rigate
200 g Wirsing
50 g gewürfelter Speck
1 kleine Zwiebel
2 EL Ahornsirup
1 Becher Sahne
1 TL Kurkuma
Salz, Pfeffer

Die Penne in Salzwasser kochen. Den grob gewürfelten Wirsing kurz blanchieren (*siehe Seite 25*), danach mit dem angebratenen Speck in einem Bräter anschwenken und mit den Zwiebelwürfeln und dem Ahornsirup in der Sahne einreduzieren. Mit Salz und Pfeffer abschmecken und anschließend unter die Pasta heben.

Zubereitungszeit: ca. 25 Minuten

Tipp: Wenn Sie etwas Kurkuma in das Nudelwasser geben, bekommen die Teigwaren eine intensive gelbe Färbung.

Kaltes Thunfischpüree

(für 4 Personen)

Zu diesem Rezept empfehle ich Mezze Penne Tricolori.

400 g Mezze Penne Tricolori
3 Limetten
3 EL Olivenöl
2 EL Ahornsirup
4 eingelegte Pepperoni
3 Knoblauchzehen
2 Frühlingszwiebeln
1 Dose Thunfisch

Die Penne in Salzwasser kochen. Den Saft der Limetten zusammen mit Olivenöl und Ahornsirup zu einer Sauce verrühren. Pepperoni, gepressten Knoblauch, geschnittene Frühlingszwiebeln und den abgetropften Thunfisch untermengen. Mit Salz und Pfeffer abschmecken und unter die warme Pasta heben.

Zubereitungszeit: ca. 20 Minuten

Lauch-Mais-Sauce

(für 4 Personen)

Zu diesem Rezept empfehle ich Fettuccine.

400 g Fettuccine
1 Stange Lauch
1 kleine Zwiebel
2 Scheiben gekochter Schinken
1 Dose Mais
1 Becher Sahne
1 Msp. Muskatnuss
Olivenöl
Salz, Pfeffer

Die Fettuccine in Salzwasser kochen. Den grob gewürfelten Lauch mit der Zwiebel im Topf anschwitzen und den gewürfelten Schinken mit dem Mais unterrühren. Sahne dazugeben, einreduzieren lassen und mit Muskatnuss, Salz und Pfeffer abschmecken.

Zubereitungszeit: ca. 25 Minuten

Honig-Zwiebeln im Kräuterragout

(für 4 Personen)

Zu diesem Rezept empfehle ich Farfalle.

400 g Farfalle
2 Gemüsezwiebeln
⅛ l Weißwein
2 EL Honig
1 Bd. Blattpetersilie
1 Bd. Schnittlauch
1 Bd. Melisse
Olivenöl
Salz, Pfeffer

Die Farfalle in Salzwasser kochen. Die grob gestifteten Zwiebeln in etwas Öl anschwitzen, mit Weißwein ablöschen und zusammen mit dem Honig ziehen lassen. Die gewaschenen Kräuter grob hacken und zum Schluss unter die Zwiebel-Paste heben. Mit Salz und Pfeffer abschmecken.

Zubereitungszeit: ca. 20 Minuten

Pasta Siciliana

(für 4 Personen)

Zu diesem Rezept empfehle ich Ditaloni Rigati.

400 g Ditaloni Rigati
100 g getrocknete Tomaten (eingelegt)
2 Knoblauchzehen
50 g Kapern
150 g Strauchtomaten
1 Bd. Blattpetersilie
100 g Parmaschinken
Olivenöl
Salz, Pfeffer

Die Pasta in Salzwasser kochen. Die getrockneten Tomaten grob in Streifen schneiden und zusammen mit dem gehackten Knoblauch, den Kapern sowie den halbierten Strauchtomaten mit etwas Olivenöl in der Pfanne anschwenken.
Die fertige Pasta zusammen mit der grob gehackten Petersilie und feinen Streifen vom Parmaschinken dazugeben. Mit Salz und Pfeffer abschmecken, nochmals schwencken und servieren.

Zubereitungszeit: ca. 20 Minuten

Tipp: Sehr grob gehobelten Parmesan in die vorgewärmten Teller geben.

Fleisch und Geflügel – einfach und raffiniert zugleich

Ich empfehle meinen Kunden immer,
nicht am Fleisch zu sparen.
Greifen Sie wenn möglich stets auf
Fleisch und Geflügel aus
ökologischer Viehhaltung zurück.
Dies ist nicht nur qualitativ hochwertig,
sondern auch geschmacklich ein
großer Unterschied – garantiert!

Gefülltes Hirschkuhfilet mit marinierten Aprikosen

(für 4 Personen)

2 kleine Hirschkuhfilets
⅛ l Cognac
200 g getrockneter Aprikosen
2 Zweige Rosmarin
10 g grüner Pfeffer
1 Knoblauchzehe
1 Becher Sahne
Olivenöl
Salz
Mezze Penne Tricolori

Die parierten Hirschkuhfilets mit einem Küchen-Wetzstahl der Länge nach durchstoßen und mit den vorher in Cognac (ca. 2 Stunden) marinierten, gewürfelten Aprikosen füllen. Die Filets in einem flachen Bräter von allen Seiten scharf anbraten und den Bräter mit Rosmarin, grünem Pfeffer und der Knoblauchzehe auslegen. Bei 150 °C im vorgeheizten Backofen ca. 20–25 Minuten schmoren lassen. Nach dem Herausnehmen des Filets den verbliebenen Cognac in den Bräter geben und zusammen mit der Sahne auf mittlerer Flamme einreduzieren lassen. Die Filets in Tranchen auf einen vorgewärmten Teller geben und mit der Sahnesauce nappieren. Dazu reichen Sie Mezze Penne Tricolori.

Zubereitungszeit: ca. 40 Minuten

Parieren: Fleisch oder Fisch von Haut, Sehnen und überflüssigem Fett befreien und sauber zurechtschneiden.

Schweinefiletmedaillons im Rucola-Pesto-Mantel

(für 4 Personen)

7 Filetmedaillons
⅛ l Weißwein
schwarze Spaghetti

Grundrezept Rucola-Pesto
(siehe Seite 31)

Die Medaillons in einer Pfanne mit etwas Olivenöl scharf von beiden Seiten anbraten und zum Ruhen aus der Pfanne nehmen. Einen Teil des Pestos mit dem Weißwein in der Pfanne einreduzieren lassen. Die Medaillons mit dem restlichen Pesto bestreichen und im vorgeheizten Backofen bei 150 °C ca. 12 – 15 Minuten schmoren lassen.
Das einreduzierte Pesto können Sie unter die schwarzen Nudeln heben und die fertigen Medaillons anbei.

Zubereitungszeit: ca. 45 Minuten

Tipp: Zu diesem Gericht passen hervorragend kleine im Ofen geschmorte Kartoffeln in der Schale oder wahlweise ein klassisches Kartoffelgratin.

Schweinefilet im Pfifferlingsmantel

(für 4 Personen)

2 kleine parierte Schweinefilets
1 Bd. Rosmarin
1 Bd. Thymian
5 Knoblauchzehen
Olivenöl
Salz, Pfeffer

Die parierten Filets (*siehe Seite 67*) im Ganzen von allen Seiten anbraten, auf ein Holzschneidebrett mit Leinentuch und Folie abgedeckt zum Ruhen (ca. 15 Minuten) geben. In der Zwischenzeit Backofen auf ca. 180 °C vorheizen, Backblech einölen und mit Thymian, Rosmarin und den Knoblauchzehen belegen.

Pfifferlingsmantel
200 g frische Pfifferlinge
3 Schalotten
1 Knoblauchzehe
1 EL Honig
½ Becher Sahne
50 g geriebener Parmesan
1 Msp. Muskat
Salz, Pfeffer

Die geputzten Pfifferlinge mit den gehackten Schalotten und der Knoblauchzehe in einer Pfanne anbraten, etwas Honig dazugeben, mit Sahne auffüllen, mit Salz, Pfeffer und Muskat abschmecken und ca. 5 Minuten ohne Deckel stark einreduzieren lassen. Die verbleibende Masse pürieren, den geriebenen Parmesan unterheben und auf dem angebratenen Schweinefilet verstreichen.
Das Ganze im vorgeheizten Backofen bei ca. 200 °C 15–20 Minuten schmoren lassen.

Zubereitungszeit: ca. 60 Minuten

Lammfinger in der Kräuterkruste

(für 4 Personen)

12 Lammrücken-Filets
(kein Lammrücken!)
1 Bd. Thymian
4 Scheiben Toastbrot
100 g Kräuterbutter
50 g geriebener Pizzakäse
5 Knoblauchzehen
1 Bd. Rosmarin
1 Bd. Thymian
Rotwein
Olivenöl
Salz, Pfeffer

Die parierten (*siehe Seite 65*) Lammfinger scharf in Olivenöl anbraten und auf ein Holzbrett zum Ruhen geben. Kleine Auflaufform ausbuttern und einige Thymianzweige einlegen, salzen und pfeffern. Das entrindete Toastbrot sowie Butter, Käse, Knoblauch und die gezupften Kräuter mit etwas Olivenöl pürieren. Die gewonnene Masse auf die in die Auflaufform eingelegten Lammfinger geben und mit etwas Rotwein angießen.
Das Ganze bei ca. 180 °C plus Oberhitze im Backofen ca. 15 Minuten braten lassen.

Zubereitungszeit: ca. 45 Minuten

Tipp: Zu diesem Gericht empfehle ich wahlweise Pasta oder ein klassisches Kartoffelgratin sowie einen kräftigen Rotwein.

Serviervorschlag: Auf einem vorgewärmten Teller mit der kalten Sauce einen Spiegel (leicht bedeckter Teller) gießen und dünne Scheiben vom Filet auflegen, dazu etwas geröstetes Brot.

Rinderfilet à la „Ines“

(für 4 Personen)

1 Rinderfilet (¾ Lab)
ca. 1,2 kg
1 Bd. Thymian
1 Bd. Rosmarin
1 Knoblauchzehe
Salz, Pfeffer

Das parierte (siehe *Seite 65*) Rinderfilet im Ganzen von allen Seiten anbraten und auf ein Holzschneidebrett mit Leinentuch und Folie abgedeckt zum Ruhen (ca. 15 Minuten) geben. In der Zwischenzeit den Backofen auf ca. 180 °C vorheizen, das Backblech einölen und mit Thymian, Rosmarin und einer Knoblauchzehe belegen.
Das angebratene Rinderfilet aus der Folie nehmen, mit Salz und Pfeffer abschmecken, würzen und auf dem vorbereitetem Backblech für ca. 15–20 Minuten im Backofen schmoren lassen.

Sauce
¼ l Olivenöl
4 Knoblauchzehen
1 Bd. Blattpetersilie
½ Bd. Zitronenmelisse
2 EL Ahornsirup
5 Limetten
Olivenöl
Salz, Pfeffer

Olivenöl in einen Stabmixerbehälter geben, Knoblauch, die gezupfte Blattpetersilie, Zitronenmelisse sowie Ahornsirup dazugeben. Den Saft der 5 Limetten nach und nach beim Pürieren hinzufügen und das Ganze mit Salz und Pfeffer abschmecken und ziehen lassen.

Zubereitungszeit: ca. 90 Minuten

Lammfilet-Tranchen mit Gemüsehaube

(für 4 Personen)

600 g Lammfilet
1 Zucchini
3 Knoblauchzehen
2 Strauchtomaten
1 Glas Weißwein
1 Glas Rotwein
2 EL Ahornsirup
Olivenöl
Salz
Pfeffer

Das Filet in dünne Tranchen schneiden und in der heißen Pfanne mit etwas Olivenöl scharf anbraten. Danach zum Ruhen herausnehmen und in eine Auflaufform geben. Gewürfelte Zucchini, Knoblauchzehen und Strauchtomaten in der Pfanne anschwitzen und würzen, mit Weiß- und Rotwein ablöschen und leicht einreduzieren lassen. Umfüllen und pürieren, auf die Tranchen streichen und mit Ahornsirup beträufeln. Bei 185 °C Oberhitze gratinieren.

Zubereitungszeit: ca. 20 Minuten

kochduell

Geschnetzeltes vom Lamm- oder Straußenfilet

(für 4 Personen)

Grundzubereitung
pro Person benötigt man ca. 100 g frisches Filetgeschnetzeltes
2 EL Olivenöl
Salz, Pfeffer

Das Geschnetzelte in einer sehr heißen Pfanne mit etwas Olivenöl scharf anbraten und dann über einem Sieb abschütten, so dass kein Öl am Fleisch verbleibt. Nun bereitet man in der Pfanne die beliebige Sauce für sein Lieblingsgeschnetzeltes zu und gibt kurz vor der Fertigstellung das Fleisch zum aromatisieren wieder hinzu. Anrichten sollte man die verschiedenen Variationen auf seiner Lieblings-Pasta.

Zubereitungszeit: ca. 10 Minuten

Saucen-Variationen

Tomaten-Sugo-Diavolo
2 Knoblauchzehen
3 eingelegte Pepperoni
4 grüne Oliven (ohne Kern)
5 schwarze Oliven (ohne Kern)
1 Zweig Rosmarin
1 Päck. Tomatensugo
Olivenöl
Salz, Pfeffer

Knoblauch, Pepperoni und Oliven klein hacken. Olivenöl in der Pfanne erhitzen und alles scharf anbraten. Rosmarin, Salz und evtl. Pfeffer dazugeben und mit dem Sugo auffüllen. Die Sauce ca. 5 Minuten einreduzieren lassen.

Zubereitungszeit: 15 Minuten

Feigen-Madeira-Sauce
3 frische Feigen
1 kleine Flasche Madeira
1 kleine Saucen-Basis
Olivenöl
Salz, Pfeffer

Die gewürfelten Feigen mit etwas Öl anbraten und mit Madeira ablöschen.
Nach dem Einreduzieren mit der Saucen-Basis auffüllen und nochmals einreduzieren lassen.
Mit Salz und Pfeffer abschmecken – fertig.

Zubereitungszeit: 15 Minuten

kochduell

Hähnchenbrust mit diversen Krusten

(für 4 Personen)

3 Hähnchenbrüste (einzeln)
Olivenöl
Salz, Pfeffer

Die Hähnchenbrüste scharf in etwas Olivenöl anbraten und mit Salz und Pfeffer würzen. Aus der Pfanne nehmen und etwa 3 – 5 Minuten ruhen lassen. Danach mit der jeweiligen Masse bedecken und im vorgeheizten Backofen mit Oberhitze bei 175 °C ca. 7 – 10 Minuten schmoren lassen.

Die Krusten

Möhrenpüree
aus marinierten Möhren (siehe Rezept eingelegte Gemüse, *Seite 35*)

Fenchelpüree
aus mariniertem Fenchel (siehe Rezept eingelegte Gemüse, *Seite 47*)

Pesto-Mantel
aus diversen Pestos (siehe Rezept Pestos, *Seite 31*)

Zubereitungszeit: ca. 30 Minuten

Erdnusspüree
6 EL Erdnussbutter
1 ausgepresste Limette
1 Knoblauchzehe
2 EL gehackte Blattpetersilie
1 EL Honig
Olivenöl
Salz, Pfeffer

Die Erdnussbutter mit etwas Olivenöl glatt rühren, Limettensaft, gepressten Knoblauch sowie die gehackte Blattpetersilie dazugeben. Das Ganze auf die Hähnchenbrüste verteilen, mit Honig beträufeln und im Backofen schmoren lassen.

Geflügelleber-Ragout

(für 4 Personen)

300 g Geflügelleber
2 süße Äpfel
1 Gemüsezwiebel
1 gelbe Zucchini
6 cl Calvados
⅛ l Weißwein
2 EL Honig
1 kleiner Bd. frischer Koriander
Olivenöl
Salz, Pfeffer

Die gut gewaschene Leber mit etwas Olivenöl scharf in der Pfanne anbraten und nach und nach die gewürfelten Äpfel, die Gemüsezwiebel und Zucchini dazugeben. Mit Calvados ablöschen und mit Weißwein auffüllen, mit 2 EL Honig abrunden und mit dem gehackten Koriander verfeinern. Mit Salz und Pfeffer abschmecken und anrichten.
Dazu reiche ich Farfalle.

Zubereitungszeit: ca. 30 Minuten

Hähnchen auf Limetten und Ingwer

(für 4 Personen)

2 ganze Hähnchen
5 Knoblauchzehen
1 kleine Ingwerknolle
2 Zweige Thymian
4 Limetten
2 EL Honig
⅛ l Weißwein
2 Gemüsezwiebeln
Olivenöl
Salz, Pfeffer

Die Hähnchen an der Brustseite aufschneiden und aufklappen, mit Salz und Pfeffer vorwürzen und auf das mit gehacktem Knoblauch, Ingwer, Thymian, Gemüsezwiebel und Limettenscheiben belegte Backblech legen (Hautseite nach oben). Mit Olivenöl und Honig beträufeln und im vorgeheizten Backofen mit Oberhitze bei 175 °C ca. 30 Minuten schmoren lassen. Zwischendurch immer mit etwas Weißwein angießen.
Ich würde Stangenbrot und ein frisches Pesto Ihrer Wahl (*siehe Seite 31*) als Brotaufstrich dazu reichen.

Zubereitungszeit: ca. 60 Minuten

Entenbrust mit Cassis-Birne

(für 4 Personen)

3 Entenbrüste
4 kleine Birnen
2 Schalotten
5 Nelken
2 Lorbeerblätter
1 EL Akazienhonig
⅛ l Rotwein
6 cl Creme de Cassis
Olivenöl
Salz, schwarze Pfefferkörner

Die Entenbrust auf der Hautseite in einem flachen Bräter anbraten und nach dem Wenden die Birnenspalten, Schalottenwürfel sowie Nelken und Lorbeerblätter dazugeben.
Die Brüste mit Akazienhonig bestreichen, den Bräter mit Rotwein und Cassis angießen und die Entenbrüste bei 175 °C im vorgeheizten Backofen mit Oberhitze ca. 10 Minuten schmoren lassen. Die Entenbrust in dünnen Tranchen auf einem Teller anrichten und mit der Sauce nappieren.
Dazu reiche ich ein Spaghetti-Duett aus hellen und schwarzen Spaghetti.

Zubereitungszeit: ca. 45 Minuten

Putengeschnetzeltes Provençale

(für 4 Personen)

300 g Putenschnitzel
1 Gemüsezwiebel
10 schwarze Oliven (ohne Kern)
7 getrocknete Tomaten
6 cl Cognac
1 kleine Dose geschälte Tomaten
Kräuter der Provence
Olivenöl
Salz, Pfeffer

Putenschnitzel in Streifen schneiden und in etwas Olivenöl anbraten. Nach und nach die gehackte Zwiebel, Oliven sowie die getrockneten Tomaten mit anschwitzen und mit Cognac ablöschen. Mit den geschälten Tomaten auffüllen und einreduzieren lassen. Mit Salz und Pfeffer abschmecken und je nach Belieben mit einer Kräutermischung der Provence abrunden. Dazu reiche ich Penne Rigate.

Zubereitungszeit: ca. 40 Minuten

Fisch und Meeresfrüchte – frisch auf den Tisch

Die mediterrane Küche ist
ohne die „Früchte des Meeres“ nicht denkbar.
Aber auch in unseren Gefilden
kann man sich einen Hauch von Süden
ins Haus holen. Fisch ist gesund,
schmeckt lecker, hat dazu wenig Kalorien
und gehört neben der Pasta zu meiner Lieblingsspeise.
Während meiner Reisen und Aufenthalte
im Ausland habe ich die
Vielfalt des Meeres kennen und lieben gelernt.
Hier nun einige meiner Favoriten.

Seeteufelbäckchen auf Gemüsebett

(für 4 Personen)

16 Seeteufelbäckchen
2 Möhren
1 Lauchstange
½ Sellerieknolle
2 Knoblauchzehen
¼ l Weißwein
120 g schwarze Spaghetti
1 Bd. Blattpetersilie
Olivenöl
Salz, Pfeffer

Die gehäuteten Bäckchen in der Pfanne scharf anbraten und anschließend in eine mit gestifteten Möhren, Lauch und Sellerie ausgelegte Form geben. Mit gepresstem Knoblauch, Salz und Pfeffer würzen und mit etwas Olivenöl beträufeln.
Im vorgeheizten Backofen bei 150 °C ca. 5 Minuten garen lassen und mit Weißwein ablöschen. Nach 7 bis 10 Minuten aus dem Ofen nehmen und die Bäckchen mit dem Sud auf die vorher zubereiteten schwarzen Spaghetti geben und das Ganze mit der gehackten Blattpetersilie bestreuen.

Zubereitungszeit: ca. 45 Minuten

Seeteufelbäckchen im Tomatensud

(für 4 Personen)

16 Seeteufelbäckchen
3 EL Olivenöl
1 Limette
1 Päck. Tomaten-Sugo
2 Knoblauchzehen
1 Zweig Rosmarin
1 Zweig Thymian
6 getrocknete Tomaten
⅛ l Rotwein
Salz, Pfeffer

Die gehäuteten Bäckchen in etwas Olivenöl in der Pfanne von beiden Seiten scharf anbraten, mit Limettensaft beträufeln und aus der Pfanne nehmen. Sugo, gepressten Knoblauch, Rosmarin, Thymian und die gestifteten Tomaten in die heiße Pfanne geben und kurz anziehen lassen, mit dem Rotwein auffüllen, einreduzieren lassen und mit Salz und Pfeffer abschmecken. Die gebratenen Bäckchen dazugeben und ca. 7 Minuten ziehen lassen.

Zubereitungszeit: ca. 30 Minuten

Lachswürfel in Fenchelsahne

(für 4 Personen)

500 g Lachsfilet
1 kleine Fenchelknolle
$\frac{1}{8}$ l Weißwein
1 Becher Sahne
2 Knoblauchzehen
Olivenöl
Salz, Pfeffer

Den gewürfelten Lachs mit dem in Stifte geschnittenen Fenchel mit etwas Olivenöl in der Pfanne scharf anbraten. Mit Weißwein und Sahne ablöschen und einreduzieren lassen. Mit Salz, Pfeffer und dem frisch gepressten Knoblauch abschmecken.
Dazu empfehle ich schwarze und grüne Tagliatelle zum Zopf gelegt.

Zubereitungszeit: ca. 25 Minuten

Riesengambas im Orangensud

(für 4 Personen)

16 Riesengambas,
frisch mit Schale (Black-Tiger)
5 Knoblauchzehen
2 EL Honig
2 Zweige Rosmarin
4 Orangen
Olivenöl
Salz, Cayenne-Pfeffer

Die gewaschenen Riesengambas in Olivenöl scharf anbraten, grob gehackte Knoblauchzehen dazugeben, etwas Honig und die Rosmarinzweige mitschmoren lassen.
Das Ganze in eine Auflaufform geben, mit den Orangenfilets sowie dem Saft der Orangen bedecken, mit Salz und Cayenne-Pfeffer bestäuben und im Backofen bei 180 °C plus Oberhitze ca. 8–10 Minuten schmoren lassen.

Zubereitungszeit: ca. 30 Minuten

Tipp: Hierzu empfehle ich eine leichte Salatauswahl und reichlich Weißbrot für die Sauce.

Marinierter Lachs mit Nudelsalat

(für 4 Personen)

400 g frischer Lachs (dünn geschnitten)
2 Limetten
200 g Spaghettini
2 Stangen Staudensellerie
3 EL Aceto weiß
⅛ l Olivenöl
1 EL Akazienhonig
Salz, Pfeffer

Den geschnittenen Lachs auf die vorgekühlten Teller drapieren, mit Limettensaft, Salz und Pfeffer marinieren. Die Nudeln zusammen mit den blanchierten (*siehe Seite 25*) Staudensellerie-Stiften in dem Dressing aus Aceto, Olivenöl, Honig, Salz und Pfeffer mengen und anschließend in die Mitte der Lachsteller geben. Dazu reichen Sie etwas geröstetes Weißbrot.

Zubereitungszeit: ca. 30 Minuten

Über den Autor

Stefan Wiertz
geb. am 30. Dezember 1964 in Wermelskirchen

Beruflicher Werdegang

- Ausbildung bei der BAYER AG in Leverkusen, Schwerpunkt Vorstands- und Direktionsküche (Küchenchef Rainer Mitze)
- Koch für Jugendfreizeiten im Ausland (Portugal, Spanien, Schweden), in Zusammenarbeit mit dem Goethe-Institut
- Gastronomie-Geschäftsführer in einem Kulturzentrum
- Gastronomischer Leiter von sieben Schlemmer-Bistros für eine Handelskette im Köln/Bonner Raum

derzeit

- Foodstylist für Werbefilme
- Freiberuflicher Koch mit Schwerpunkt Haus- und Privatkochservice sowie Festausstattung
- Kochkurse für ernährungsbewusstes Kochen
- Koch für TV-Produktionen
- Showkoch für Messen
- Gastro-Event-Berater
- Kochbuch-Autor
- Freiberuflicher Berater von Koch-Magazinen

Register

KOCHDUELL
Die schnellste Kochshow der Welt

Susanne Vössing

KOCHDUELL – Raffinierte Kräuter- und Gemüse-Rezepte

96 Seiten, zahlr. farb. Abb., gebunden
ISBN 3-8025-1405-X

„Was ich zum Kochen immer brauche, sind frische Kräuter, Obst und Gemüse." – Und damit zaubert sie wahrhaft köstliche und außergewöhnliche Gerichte, die französische Raffinesse und ihre Liebe zum Einfachen verbinden.

- *Exquisite Suppen*
- *Frische Fischgerichte*
- *Köstliche Rezepte mit Meeresfrüchten*
- *Geschmackvolles Geflügel und feines Fleisch*
- *Süße Leckereien*

Carsten Dorhs

KOCHDUELL – Pfiffige Kartoffel-Rezepte

96 Seiten, zahlr. farb. Abb., gebunden
ISBN 3-8025-1406-8

Kaum zu glauben, was man aus den tollen Knollen alles zaubern kann! Kartoffelkönig Carsten Dorhs hat für dieses Buch seine Lieblingsrezepte preisgegeben:

- *Raffinierte Vorspeisen und Suppen*
- *Köstliche Kleinigkeiten für zwischendurch*
- *Herrliche Hauptgerichte*
- *Besondere Beilagen*
- *Delikate Desserts*

Mit wertvollen Tipps und Tricks aus der Profiküche

Wolfgang Kohlhepp

KOCHDUELL – Finger Food – fix und fertig

96 Seiten, zahlr. farb. Abb., gebunden
ISBN 3-8025-1417-3

Finger Food ist seine Leidenschaft: Wolfgang Kohlhepp zaubert aus den verschiedensten Zutaten aus aller Welt delikate Snacks mit Nascheffekt – schnell, einfach und abwechslungsreich, ob als kleiner Imbiss oder auf dem großen Buffet.

- *Vielfältiges aus Europa*
- *Die Geheimnisse des Orients*
- *Exotisches aus Asien*
- *Leckereien aus Mittel- und Südamerika*
- *Entdeckungen aus den USA*
- *Sinnliches aus der Karibik*

Andreas C. Studer

KOCHDUELL – Barbecue – Das Grillbuch

96 Seiten, zahlr. farb. Abb., gebunden
ISBN 3-8025-1419-X

„Ein gutes Barbecue gehört zum Sommer wie die Baseballkappe zu mir!", meint Andreas C. Studer und verrät uns seine Grillgeheimnisse aus den USA und Mexiko – frech und würzig, fettarm und gesund, aber vor allem immer überraschend.

- *Stimmungsvolle Starter*
- *Raffinierte Marinaden*
- *Rassige Grilladen und Steaks*
- *Köstliche Fische und Krustentiere*
- *Gemüse und Beilagen direkt vom Grill*
- *Süße Verführungen – heiß und kalt*

KOCHDUELL

Die schnellste Kochshow der Welt

Thies Möller

KOCHDUELL – Das Fischbuch

96 Seiten, zahlr. farb. Abb.,
gebunden
ISBN 3-8025-1418-1

„Fisch – das ist meine Welt!" Thies Möller, der Fischspezialist vom Kochduell, zeigt Ihnen in diesem Buch, auf wie viele Arten Sie Fisch, Krabben, Muscheln und andere Schätze aus dem Wasser auf den Tisch bringen können. Ein wahrhaft lukullisches Vergnügen für jede Gelegenheit!

- *Entree: Kleine Gerichte und Vorspeisen*
- *Frischer Fisch: schnell, einfach und köstlich*
- *Muscheln & Krustentiere aus allen Meeren*
- *Raffinierte Saucen & Beilagen*
- *Leckere Desserts*

Franz-Xaver Bürkle

KOCHDUELL – Desserts

96 Seiten, zahlr. farb. Abb.,
gebunden
ISBN 3-8025-1446-7

Manche mögen's süß, andere lieber locker-leicht – und deswegen ist in diesem Dessertbuch für jeden Geschmack etwas dabei: Für Traditionelle, Trendige, Experimentierfreudige, Gesundheits- und Schlankheitsbewusste, kleine und große Genießer.

- *Zarte, schmelzende Cremes und Puddinge*
- *Warme, süße Schmankerln*
- *Süße Früchtchen*
- *Die feinsten Desserts aus Gefrorenem*
- *Erlesene Kuchen und Patisserie*
- *Kaffeespezialitäten*

Christina Fischer/Hendrik Thoma

KOCHDUELL – Das Weinbuch

96 Seiten, zahlr. farb. Abb.,
gebunden
ISBN 3-8025-1404-1

Hier erfahren Sie endlich alles, was Sie immer schon über Wein wissen wollten, aber nie zu fragen wagten. Die Kochduell-Weinprofis geben Ihnen alle Antworten.

- *Welcher Wein passt zu welchem Essen?*
- *Welche Temperatur sollte Rosé, roter oder weißer Wein haben?*
- *Welcher Wein sollte schon vor dem Essen geöffnet werden?*
- *Wie lagere ich meinen Weinvorrat am besten?*
- *Wieviel muss und darf der richtige Wein wirklich kosten?*
- *Mit einem Überblick über die besten Weinsorten – Expertenwissen für jedermann*

Christina Fischer/Hendrik Thoma

KOCHDUELL – Einkaufsführer Rotwein

96 Seiten, zahlr. farb. Abb.,
gebunden
ISBN 3-8025-1427-0

Fachkundige Beratung, Produktauswahl und -präsentation, ein gutes Preis-Leistungs-Verhältnis und ganz einfach Freundlichkeit – nach diesen Kriterien haben Christina Fischer und Hendrik Thoma den Weinhandel getestet: von Aldi und Edeka über Karstadt bis zum exklusiven Winzer.

Das Ergebnis: Die besten Rotweine in den Preisklassen bis DM 10,00, DM 20,00 und DM 30,00 – sachkundig und leicht verständlich kommentiert.

KOCHDUELL

Montag bis Samstag bei VOX

Frische Ideen für fixe Köche. Aus Sämereien selbst anziehen.

Über 30 frische Kräuter und Gewürze immer griffbereit. Im eigenen Kräutergarten, in der Küche und auf dem Balkon.

Die Profiköche vom Kochduell haben ein frisches Geheimnis: über 30 ausgesuchte Kräuter, Gewürze und Sprossen von Flora Frey. Die zieht man einfach selbst in der Küche oder auf dem Balkon an und hat sie so stets zur Hand. Damit geben Sie ganz fix jedem Gericht die letzte Raffinesse. Probieren Sie selbst. Die Samentüten für Kräuter und Gewürze und die spezielle Anzuchtbox für Sprossen sind im Handel erhältlich. Achten Sie auf die Marken Kochduell und Flora-Frey. Wir wünschen Ihnen viel Spaß beim Würzen und Genießen.

Flora-Frey

www.tvspielfilm.de
Wir lesen was,
was Du nicht liest!
TV SPIELFILM
14 Tage besser fernsehen
Alle Filme mit Bewertung!
TV SPIELFILM holen. Nur das Beste sehen.